VERBORGENE *Schönheit*

DER SCHÖNBUCH

VERBORGENE

Schönheit

DER SCHÖNBUCH

zum Träumen und Schwelgen

Werner Schaal

SILBERBURG

Türkenbund-Lilie

IMPRESSIONEN AUS DEM SCHÖNBUCH

Aus der Luft betrachtet erscheint das geschlossene Waldgebiet des Schönbuchs wie eine unberührte Insel inmitten einer dicht besiedelten, urbanen Landschaft. Eingezwängt von den Autobahnen A8 und A81 im Norden und Westen, sowie der Bundesstraße 27 und dem Neckartal im Osten und Süden ist der Naturpark eine Oase der Ruhe und Stille geblieben und für die Bevölkerung der umliegenden Städte und Gemeinden als Erholungsgebiet heute unverzichtbar.

Dass wir uns heute an diesem großen, siedlungsfreien Waldgebiet erfreuen können, haben wir der Jagdleidenschaft der württembergischen Grafen, Herzöge und Könige zu verdanken. Der wildreiche Schönbuch lag unmittelbar vor den Toren der Stuttgarter Residenz und damit für Jagdgesellschaften bequem und in kurzer Zeit zu erreichen. Die Königliche Jagdhütte auf dem Steingart, sowie der verbliebene Rotwildbestand im Schönbuch erinnern uns noch an diese lange vergangene Zeit.

Begehrlichkeiten hat der Schönbuch schon immer geweckt. Als die Landesregierung in den siebziger Jahren den Stuttgarter Flughafen zum Großflughafen ausbauen und von den Fildern in den Schönbuch verlegen wollte, ging ein Aufschrei durch die Bevölkerung. Die heftigen Proteste führten schließlich dazu, dass der Schönbuch 1972 als erster Naturpark von Baden-Württemberg ausgewiesen wurde. Auch spätere Versuche, größere Flächen im Schönbuch umzunutzen und zu bebauen, wurden durch die kritische und wachsame Bevölkerung immer wieder erfolgreich vereitelt.

Im dichten Wald ist die Schönheit einer Landschaft nicht immer offensichtlich, denn in den engen und tief eingeschnittenen Tälern von Goldersbach und Schaich sieht man oft sprichwörtlich »den Wald vor lauter Bäumen nicht«. Die Schönheit ist verborgen und offenbart sich besonders zu Beginn und am Ende des Tages. Nur der Frühaufsteher kann den erhabenen Moment genießen, wenn die Sonnenscheibe tiefrot am Horizont erscheint und den nebelverhangenen Wald für kurze Zeit in ein Märchenland verwandelt.

Auch die Tier- und Pflanzenwelt bleibt dem Besucher in der Regel verborgen. Natürlich kann der aufmerksame Wanderer durch Zufall ab und zu am Wegrand eine seltene Orchidee entdecken. Oder er erfreut sich am Anblick eines Rehs, das unverhofft vor ihm den Waldweg überquert. Aber nur als geduldiger Beobachter erhält man intime Einblicke in eine faszinierende Lebenswelt, die dem gelegentlichen Besucher verborgen bleibt.

Leider hat der Klimawandel auch im Schönbuch bereits seine Spuren hinterlassen. An der Schwelle zum neuen Jahrtausend hat der verheerende Wintersturm »Lothar« in einer einzigen Nacht fast den gesamten Fichtenbestand vernichtet. Auch viele Buchen und andere Laubbäume wurden damals in Mitleidenschaft gezogen. Was von den Fichten noch übrig war, fiel dann in den vergangenen heißen Sommern dem massiven Befall des Borkenkäfers zum Opfer.

Diese dramatischen Ereignisse bringen uns schmerzlich ins Bewusstsein, wie gefährdet und zerbrechlich unsere Natur geworden ist. In Mitteleuropa hat sich der Laubwald in circa zehntausend Jahren seit der letzten Eiszeit entwickelt. Das sind gerade mal zwanzig Baumgenerationen, in denen sich gleichzeitig auch ein noch äußerst empfindliches Ökosystem aufgebaut hat, das eng mit dem Buchenwald verbunden ist.

Heute sehen wir den Wald noch viel zu sehr unter wirtschaftlichen Gesichtspunkten. Der Wald soll in erster Linie Holzlieferant sein, und wenn infolge des Klimawandels eine Baumart verschwindet, muss sie eben durch eine andere, weniger empfindlichere Art, ersetzt werden. Diese Denkweise werden wir uns in Zukunft sicher nicht mehr leisten können, denn vom Überleben der natürlichen Waldgemeinschaft wird in zunehmendem Maße auch unser eigenes Überleben abhängen.

Eingebettet zwischen dem Neckartal im Süden und dem Schaichtal im Norden liegt im östlichen Schönbuch das Walddorfer Feld. An einem kühlen Herbstmorgen schweift der Blick kurz vor Sonnenaufgang über die landwirtschaftlich genutzte Ebene hinüber zur blauen Mauer der Schwäbischen Alb. Ein leichter Morgennebel hat die sonst unscheinbare Landschaft verändert. Die verstreut stehenden Obstbäume und Gehölze wirken jetzt wie grafische Elemente und die ganze Szene erinnert an die offene Savanne im Osten Afrikas.

Zum ersten Mal ist mir dieser Baumveteran im Winter aufgefallen. In der Nacht hatte es geschneit und auf den Wiesen im Neckartal lag eine geschlossene Schneedecke. Weithin sichtbar streckte diese Weide ihre Zweige wie schwarze Finger in den klaren Morgenhimmel. Weiden stehen häufig offen und frei. Sie benötigen nicht die Gesellschaft ihrer Artgenossen, wie es bei Rotbuchen und Fichten der Fall ist. Im Laufe der Jahre hat sich aus einem einzelnen Stamm eine kleine Baumgruppe gebildet. Wind und Wetter brechen immer wieder größere Äste ab, die liegen bleiben und verrotten.

Auf dem Bromberg, der höchsten Erhebung im Schönbuch, hat sich in einer aufgelassenen Steingrube über viele Jahrzehnte ein kleines Hochmoor entwickelt. Tonschichten verhindern das Versickern des Regenwassers im nährstoffarmen Untergrund des Rhätsandsteins. Das Birkenseemoor ist im Schönbuch eine absolute Besonderheit und steht deshalb unter Schutz. Über einen schmalen Pfad erreicht man den stillen Moorsee. Ein Buntspecht arbeitet oben in den Fichten. Kleine Rindenstückchen rieseln herab und bilden ringförmige Wellen auf der schwarzen Wasserfläche.

Durch die grimmige Kälte der vergangenen Tage ist draußen alles Leben erstarrt. Die langsam fließenden Bäche haben dem Frost wenig entgegenzusetzen und sind schon lange mit einem dicken Eispanzer bedeckt. Nur die schneller fließenden Engstellen und kleinere Wasserfälle sind noch eisfrei. An einem quer über den Bach liegenden Ast hat sich die Natur als Künstler betätigt und mit der Bewegungsenergie von aufspritzenden Wassertropfen eine bizarre Eisskulptur geschaffen.

Bereits in der Antike führte eine römische Fernstraße durch das Neckartal. Damals waren die tief eingeschnittenen Klingen die einzigen Zugänge zur Hochfläche des Schönbuchs. Noch heute sind die Trassen der alten Wege entlang des Bachlaufs teilweise gut zu erkennen. Die Landschaft hat sich seit dieser Zeit wenig verändert. Wie viele einsame Wanderer sind in den vergangenen zweitausend Jahren hier schon entlanggegangen? Welche verborgenen Schätze werden wohl noch im Bachbett liegen?

Noch bei Dunkelheit gehe ich mit dem Fotogepäck vom Schaichhof hinauf zum Bromberg. Im fahlen Licht der Sterne finde ich den Weg, vorbei am Birkensee, durch den Bannwald Diebsteige, hinunter zum Soldatengrab. Langsam erwacht im Goldersbachtal der Tag. Hüfthoch steht das Gras auf den nassen Talwiesen. Misstrauisch sichert ein Rehbock zu mir herüber und zieht langsam zum Waldrand. Aus den dicht stehenden Hochstauden begrüßt ein Feldschwirl mit seinem monotonen Gesang die aufgehende Sonne.

Mit den folgenden Zeilen brachte der Dichter Christian Morgenstern seine Freude über den beginnenden Frühling zum Ausdruck:

»Kätzchen ihr der Weide,
wie aus grauer Seide,
wie aus grauem Samt!
O, ihr Silberkätzchen, sagt mir doch,
ihr Schätzchen, sagt, woher ihr stammt«.

Wenn im Februar die Weidenblüten erscheinen, kann man noch nicht erkennen, ob es sich um weibliche oder männliche Blüten handelt. Erst nach dem Aufblühen der männlichen Staubgefäße ist es möglich, das Geschlecht zu unterscheiden. An milden und trockenen Tagen werden die Sträucher jetzt bereits von Bienen umschwärmt.

An diesem Sonntagmorgen sind die Voraussetzungen günstig für einen atemberaubenden Sonnenaufgang. Die Nacht war sternenklar und kalt, und zu meinem Glück haben sich am frühen Morgen vereinzelt dünne Nebelfelder gebildet. Noch in der Dunkelheit fahre ich hinaus zum Einsiedel, um auf dem offenen Feld den Aufgang der Sonne hinter den Bergen der Schwäbischen Alb abzuwarten. Im Osten erscheint langsam die erste zarte Morgenröte, und in der Gegenrichtung taucht der bereits tief stehende Vollmond die Baumreihe an der historischen Allee in ein gespenstisches Silberlicht.

Es kommt nicht sehr häufig vor, dass im Schönbuch die Gewässer vollständig zufrieren. Aber immer mal wieder gibt es Winter, bei denen die Temperaturen über Tage und Wochen im Minusbereich bleiben. Die Natur ist darauf eingerichtet und kommt auch mit strengem Frost erstaunlich gut zurecht. Für Tiere, die das ganze Jahr über aktiv sind, beginnt jetzt aber eine harte Zeit. Enten und Schwäne versammeln sich in den Siedlungen, wo sie von Tierfreunden gefüttert werden. Schwäne zählen mit zu den schwersten flugfähigen Vögeln. Auf der Eisfläche des Kirchentellinsfurter Baggersees hat dieser Schwan große Probleme bei der Landung. Wie auf Skiern schlittert er nach der Landung noch einige Meter über die Eisfläche.

Pilze kann man das ganze Jahr über finden. Selbst im tiefsten Winter bilden manche Pilze ihre Fruchtkörper aus. Aber die eigentliche Zeit der Pilze ist der Herbst. Wenn in den Sommermonaten ausreichend Regen gefallen ist und der Waldboden genügend Feuchtigkeit speichern konnte, sprießen an warmen Herbsttagen Pfifferlinge, Morcheln und ihre Verwandten sprichwörtlich »wie Pilze aus dem Boden«. Der Wald ist der eigentliche Lebensraum der Pilze. Bäume und Pilze leben in enger Symbiose und versorgen sich gegenseitig mit Nährstoffen. Wenn man das Laub etwas zur Seite schiebt und mit beiden Händen in den feuchten Humus greift, kann man die angenehme Verbindung von Pilzen und Pflanzen riechen.

Einst stand die Burg Wildenau am Eingang zum Reichenbachtal. Sie gehörte im Mittelalter zu einer ganzen Reihe von Burgen, mit denen die Pfalzgrafen von Tübingen den Zugang zum Reichsforst Schönbuch sicherten. Der Weiler Rübgarten weiter oben im Reichenbachtal war im Besitz der damaligen Burgherren. Damals wie heute schlängelt sich der Reichenbach unterhalb von Rübgarten durch ein malerisches und stilles Wiesental. Hier kann man auch dann noch Ruhe und Erholung finden, wenn an schönen Tagen die bekannteren Wanderziele im Goldersbachtal und Schaichtal von Besuchern überrannt werden.

Wer einmal die Rotwildbrunft auf ihrem Höhepunkt erleben möchte, muss in einer kalten und klaren Nacht im September kurz vor Mitternacht das Auto auf dem Parkplatz Ranzenpuffer abstellen. Schon beim Betreten des Rotwildgatters ist die Geräuschkulisse beeindruckend. Nach einer kurzen Wanderung bis zur Schlagbaumlinde befindet man sich bereits mitten im Brunftgeschehen. Weiter auf dem Weg zum Tropfenden Wasen hat man den Eindruck, als würden die röhrenden Hirsche unmittelbar neben dem Waldweg stehen. Von allen Seiten erklingen jetzt die Brunftschreie. Auch weniger ängstlichen Naturen läuft bei diesem Treiben ein Schauer über den Rücken.

Die Morgen- und Abendstunden sind für die Landschaftsfotografie die beste Zeit. Die tief stehende Sonne erzeugt ein warmes, rötliches Licht, und bei einem Wetterumschwung ist die Wahrscheinlichkeit groß, dass der Himmel in kräftigen Rottönen erglüht. Die langen Schatten des flachen Seitenlichts heben die tagsüber konturlose Landschaft jetzt plastisch hervor. Wenn die Sonne ihre Kraft verliert, entstehen in der kühlen Luft Nebelfelder, die als zusätzliche Landschaftselemente wirken. Obwohl dieses Bild am Abend entstanden ist, bevorzuge ich doch die Morgenstunden. Am Morgen ist der Tag noch frisch und unverbraucht, der Himmel ist klar und ohne Kondensstreifen. Diese Stimmung möchte ich in meinen Bildern zum Ausdruck bringen.

In den Wintermonaten gehe ich häufig auf die Suche nach kleinen, auf den ersten Blick unscheinbaren und verborgenen Schönheiten. Ohne ein bestimmtes Ziel streife ich durch den Wald und lasse mich von der erstarrten und ausgestorbenen Natur inspirieren. Beim Anblick dieser Struktur dachte ich spontan an eine Rose. Es handelt sich aber um die Blattknospe einer Weide, die sich im Frühjahr beim Laubaustrieb nicht komplett geöffnet hat. Vielleicht sind die jungen Blätter bei einem späten Kälteeinbruch erfroren und später im halb geöffneten Zustand vertrocknet. Die Reifränder, die sich an dem frostigen Wintermorgen gebildet haben, betonen die Blattkonturen und verstärken den Eindruck einer Rosenblüte.

Die Vogelfamilie der Enten ist ein vielseitiges und buntes Völkchen. So unterschiedlich wie ihre Lebensweisen ist auch das Verhalten der einzelnen Entenarten. Zusammen mit den Brautenten sind die Mandarinenten die farbenprächtigsten Vertreter der Familie. Ursprünglich beheimatet im sibirischen Ussurigebiet, konnte sich auch in Europa eine stabile Population etablieren. Mandarinenten sind Höhlenbrüter und Bewohner des Laubwaldes. Es ist ein seltsamer Anblick, wenn sich die Enten mit ihren Schwimmfüßen in luftiger Höhe an eine Schwarzspechthöhle klammern. Für die Entenküken beginnt der Sprung ins Leben mit einer Mutprobe. Den Sprung aus der bis zu zehn Meter hoch gelegenen Bruthöhle überstehen die Federbällchen unbeschadet.

Freistehende Bäume sind beeindruckende Individuen, die in der offenen Landschaft immer ein Blickfang sind. Jetzt im Dezember sind die Tage kurz und die Sonne neigt sich schon am Nachmittag zum Horizont. Wie Scherenschnitte erscheinen die Obstbäume im diffusen Winterlicht. Die gleichmäßig in der Baumkrone verteilten Misteln wirken wie absichtlich aufgehängter Baumschmuck. Jeder Baum hat seinen eigenen Charakter. Der eine ist auf der Höhe seiner Kraft mit weit ausladender Krone. Andere sind von Wind und Wetter gezeichnet und haben teilweise schon ihr Astwerk verloren.

Bereits am frühen Morgen habe ich das Auto auf dem Waldparkplatz beim Kayher Sportplatz abgestellt. Mit dem Fotogepäck auf dem Rücken erreiche ich in wenigen Minuten einen der Aussichtspunkte am Schönbuchtrauf. Zu meinen Füßen liegt das Naturschutzgebiet »Schönbuch-Westhang« mit seinen weitläufigen Streuobstwiesen. Die Herbstsonne hat noch genügend Kraft, um den dichten Nebel im Ammertal aufzulösen. Schon tauchen die ersten Baumwipfel aus dem Nebelmeer auf. Schnell steigt die Sonne höher und flutet das Land mit goldenem Licht. Der Blick wandert vom Hartwald im Vordergrund hinüber zur Wurmlinger Kapelle und weiter über das Neckartal zu der Bergkette der Schwäbischen Alb.

Während in den Bachtälern im Inneren des Schönbuchs die letzten Schneereste schmelzen, hat in den lichtdurchfluteten Kleebwäldern am Neckarhang längst der Frühling Einzug gehalten. Buschwindröschen, Bärlauch, Scilla und Hohler Lerchensporn bedecken weitläufig den Waldboden. Auch die Vielblütige Weißwurz, eine Zwillingsart des Salomonssiegels, kommt hier noch regelmäßig vor. Die Zwiebel- und Knollenpflanzen nutzen im Frühjahr im noch winterkahlen Wald die Zeit, um zu blühen und zu fruchten. Wenn sich dann im Mai das Laubdach schließt und der Waldboden im Dämmerlicht versinkt, sind die Pflanzen verblüht und ziehen sich wieder in ihre Wurzelknolle zurück.

Im zeitigen Frühjahr ist der Huflattich eine der ersten Pflanzen, die am Wegrand ihre gelben Korbblüten entfaltet. Die hufförmigen Blätter erscheinen erst, wenn die Blüten längst wieder verschwunden sind. Der Huflattich ist sehr genügsam und wächst auch auf kargen, nährstoffarmen Böden. Diese Pflanzengruppe habe ich in einem Steinbruch in einer ausgetrockneten Pfütze entdeckt. Darauf aufmerksam wurde ich durch die schwarzen Schatten der Blätter, die durch die hochstehende Sonne hervorgerufen wurden. Die Bildwirkung wird noch verstärkt durch das Muster der Risse, die in der Schlammkruste entstanden sind.

Die Streuobstwiesen am Westhang des Schönbuchs zwischen Unterjesingen und Herrenberg sind landschaftlich äußerst reizvoll und von hohem ökologischem Wert. In Jahren mit günstiger Witterung erstreckt sich im Frühjahr ein weißes Blütenmeer bis zum Horizont. Durch den lockeren Bestand der Obstbäume ist eine halboffene Landschaft entstanden, die für unzählige Tiere und Pflanzen ein idealer und schutzbedürftiger Lebensraum ist. Als »Lebensraum aus zweiter Hand« sind Streuobstwiesen durch langjährige extensive Bewirtschaftung entstanden. Obwohl die wertvollsten Bereiche der Obstwiesen unter Naturschutz stehen, kann deren Erhalt und Fortbestand weiterhin nur durch regelmäßige Pflegemaßnahmen der Grundstückseigentümer sichergestellt werden.

Die Wiederansiedlung des europäischen Bibers ist eine Erfolgsgeschichte des Artenschutzes. Die vor über fünfzig Jahren in Bayern ausgewilderten Tiere sind heute im gesamten süddeutschen Raum verbreitet. Vor einigen Jahren sind die Biber auch bei uns im Neckartal angekommen. Der Baggersee in Kirchentellinsfurt ist für sie ein idealer Lebensraum. Die Erlen und Weiden am Seeufer bieten den großen Nagern ausreichend Nahrung. Interessant ist, dass die tief eingeschnittenen, engen Klingen am Schönbuchhang von den Tieren bisher gemieden werden. Sie bevorzugen eher die breiteren Talauen mit langsamen Fließgewässern und baumbestandenen Ufern.

Wenn man an einem kühlen Herbstmorgen bei dichtem Nebel vom Goldersbachtal zum Bromberg hinaufsteigt, ist es eine angenehme Überraschung, oben auf der Höhe von strahlendem Sonnenschein empfangen zu werden. Beim Durchdringen der Nebeldecke verändert sich das Licht dramatisch. In der warmen Morgensonne beginnt die Luft sich zu bewegen. Einzelne Nebelfetzen jagen durch den Buchenwald und spielen mit dem goldenen Herbstlaub. Die Sonne findet im Nebel immer neue Lücken und malt auf den Waldboden bizarre Muster aus vergänglichen Lichtflecken.

Und plötzlich ist er da, der Herbst, mit all seinen Farben, seinen Gerüchen und seinen Geräuschen. Fast über Nacht hat sich im Wald das Laub verfärbt und das warme Licht spiegelt sich goldgelb im klaren Wasser des Goldersbachs. Ein würziger Duft liegt in der Luft. Es riecht nach Laubstreu, trockenem Gras und Pilzen. Der Herbstwind bläst das fliegende Herbstlaub über die Waldwege und in der Dämmerung erklingen tief im Schönbuch noch die letzten Brunftrufe der Rothirsche.

Zwischen Herrenberg und Tübingen gibt es viele geheime Orte mit freier Sicht auf die Landschaft. Wenn ich am Schönbuchtrauf aus dem Dunkel des Waldes trete, bin ich immer wieder von dem überwältigenden Panorama überrascht und beeindruckt. Zu allen Jahreszeiten suche ich diese Orte regelmäßig auf, um das Erwachen des Tages zu erleben. Kein Morgen ist wie der andere und das Schauspiel des Sonnenaufgangs taucht die Landschaft jedes Mal wieder in neues und anderes Licht.

Ich erinnere mich an ein Bild aus meiner Kindheit, das mich bis heute nicht losgelassen hat. Ein schmaler Bach fließt mit vielen Windungen durch ein weites Wiesental. Vereinzelt stehen Bäume am Ufer und irgendwo in der Ferne verliert sich die markante Linie im flirrenden Dunst. Auf meinen späteren Reisen habe ich unbewusst immer wieder nach diesem Motiv gesucht. Frei und ungezwungen sucht sich der Bach seinen Weg und wird zu einem selbstverständlichen Bestandteil der Landschaft.

Der Wanderer trifft im Schönbuch immer wieder auf alte Blockhütten und Unterstände, die wirken, als wären sie aus der Zeit gefallen. Viele dieser Hütten wurden bereits im neunzehnten Jahrhundert erbaut und werden teilweise heute noch genutzt. Am bekanntesten ist die Königliche Jagdhütte auf dem Steingart. Hütten, wie die Bärlochhütte auf dem Langen Rücken, waren Schutzhütten und dienten auch der Versorgung der Waldarbeiter, die damals ihre langen und mühseligen Arbeitstage im Wald verbringen mussten.

An einem kühlen Herbstmorgen stehe ich auf einer Anhöhe in den weitläufigen Streuobstwiesen bei Breitenholz. Ein schwacher Nebeldunst erinnert noch an die vergangene Nacht. Die Talsenke und der Berghang gegenüber liegen noch in tiefem Schatten. Aber langsam steigt die Sonne höher und es beginnt ein unvergleichliches Schauspiel. Als ob ein dunkler Schleier von der Landschaft gezogen würde, erfassen die Lichtstrahlen zuerst die Baumwipfel oben am Schönbuchtrauf, um dann die herbstlichen Wiesen unaufhaltsam in gleißendes Morgenlicht zu tauchen.

Der Weinbau hat an den Südhängen von Ammertal und Neckartal eine alte Tradition, die bis in die Frühzeit zurückreicht. Nach dem verheerenden Reblausbefall zu Beginn des zwanzigsten Jahrhunderts wurde ein Großteil der Rebflächen an den Schönbuchhängen rund um Tübingen aufgegeben. Die Weinberge bei Breitenholz werden dagegen bis heute bewirtschaftet. Da der Weinbau hier keinem wirtschaftlichen Zwang unterworfen ist, konnten die kleinteiligen Weinbergterrassen mit ihren artenreichen Trockenmauern erhalten werden.

Ein klarer Bach schlängelt sich aus dem Dunkel des Waldes hinaus zum Licht. Mitte Mai, nach dem Laubaustrieb, entfaltet der Buchenwald seine ganze Pracht. Das in nur wenigen Tagen neu entstandene lindgrüne Blätterdach ist einfach nur überwältigend. Nach den langen, farblosen Wintermonaten ist der frisch ergrünte Laubwald Balsam für die Seele. Die Tage werden wieder länger, die Luft wird wärmer und viele Zugvögel sind zurück aus dem Süden. Es ist Frühling und im Wald beginnt sich wieder Leben zu regen.

Eigentlich liegt das Naturschutzgebiet Kochhardgraben außerhalb des Schönbuchs. Anderseits befindet es sich aber noch auf der Gemarkung der Schönbuchgemeinde Ammerbuch. Küchenschellen zählen bei uns zu den ersten Frühlingsboten, die lange vor den Frühjahrsblühern der Buchenwälder erscheinen. Auf kalkreichen und nährstoffarmen Standorten treten sie in großen Massen auf. Die Pflanzen mit den glockenförmigen blauen Blüten sind mit einem dichten Flaum bedeckt, der sie in den noch eisigen Nächten wirksam schützt. Im Gegenlicht leuchtet dieser Flaum wie ein magischer, silberner Kranz.

Luftbilder sind uns im Zeitalter ferngesteuerter Fotodrohnen zunehmend vertraut. Trotzdem bleibt der Blick aus der Vogelperspektive etwas Besonderes, da er uns neue und ungewöhnliche Einblicke in alltägliche Dinge ermöglicht. Dazu muss man aber nicht zwingend in die Luft gehen. Auch von einem erhöhten Standort am Schönbuchtrauf ist es möglich, in die herbstlichen Baumkronen der Obstbäume zu blicken. Wenn dichter Nebel auf den Wiesen liegt, braucht es viel Geduld, um auf eine Lücke zu warten, die sich bereits nach kurzer Zeit wieder schließen kann.

Nicht in jedem Jahr halten sich die Jahreszeiten an den von uns gewohnten Rhythmus. So kommt es auch im deutschen Südwesten immer wieder zu einem verfrühten Wintereinbruch. Wenn mitten im Oktober polare Kaltluft nach Süden fließt, kann es durchaus sein, dass über Nacht bis zu zwanzig Zentimeter Neuschnee fallen. Solche Wetterlagen sind für den Landschaftsfotografen natürlich besonders reizvoll. Jetzt heißt es schnell zu sein und keine Zeit zu verlieren. Denn im Boden ist noch die Wärme des Spätsommers gespeichert, sodass der Schnee meistens nicht sehr lange liegen bleibt.

An einem kühlen Frühlingsmorgen hängen noch Nebelreste über dem Feld. Wenn sich am späten Vormittag langsam die Sonne durchsetzt, wird die Lichtstimmung immer dramatischer. Immer neue Durchblicke entstehen in dem sich auflösenden Nebelfeld und eine sonst unscheinbare, langweilige Feldflur verwandelt sich für kurze Zeit in eine dramatische Landschaft. Schon öfter bin ich in den letzten Tagen hier vorbeigefahren, ohne von dem gelben Rapsfeld Notiz zu nehmen. Jetzt halte ich fasziniert an und beobachte, wie die Natur mit Farben, Flächen und Strukturen ein Gesamtkunstwerk gestaltet.

Eine dünne Nebelschicht liegt über dem bestellten Einsiedler Feld. Die Kirschenallee in der Bildmitte wird von einem dunklen Waldstreifen hervorgehoben. Auch das Neckartal im Hintergrund ist noch mit Nebel bedeckt und über den Kuppen der Reutlinger Alb hat die aufgehende Sonne den Himmel orangerot verfärbt. Die Landschaftselemente sind so perfekt aufeinander abgestimmt, als ob ein Künstler sie für ein Gemälde extra so arrangiert hätte. Alles ist an diesem Herbstmorgen für einen grandiosen Sonnenaufgang vorbereitet.

Zwischen Poltringen und Tübingen fließt die Ammer durch ein ehemaliges Niedermoor. Auch heute noch ist der Talgrund durch Feuchtwiesen und ausgedehnte Schilfbestände geprägt. Gemächlich fließt die Ammer in der Talmitte zwischen mächtigen Erlen und Weiden. Wiesenvögel, wie Kiebitz, Bekassine oder Feldlerchen, die hier früher häufig waren, sind leider auch im Ammertal verschwunden. Unter anderem wurden als Ursache für deren Rückgang die hochgewachsenen Bäume erkannt, die Greifvögeln als Ansitz und Nistplatz dienen. In jüngerer Zeit haben sich Biber im Ammertal angesiedelt, die schon einige Bäume gefällt haben. Die Natur versetzt uns mit ihrer Weisheit immer wieder in Erstaunen.

Der herbstliche Buchenwald leidet unter der Last des allzu frühen Wintereinbruchs. Mächtig drückt der nasse Neuschnee die noch voll belaubten Äste und Zweige zu Boden. Es ist erstaunlich, mit welcher Widerstandskraft die Bäume ausgestattet sind. Ab und zu, wenn geborstene Äste zu Boden stürzen, durchbricht ein lautes, knackendes Geräusch die ungewöhnliche Stille. Der Schneefall hat den Herbstwald in eine malerische, aber gefährliche Märchenlandschaft verwandelt. Es sind diese außergewöhnlichen und unerwarteten Ereignisse, die wir als Katastrophe empfinden, die für die Natur aber ein schöpferischer Akt sein können.

Auf dem Bromberg hat die noch tief stehende Sonne die letzten Nebelschwaden aufgelöst. Jetzt im Spätsommer hat die Kraft der Sonne bereits merklich nachgelassen. Es ist Altweibersommer und die Natur bereitet sich mit den letzten warmen Tagen auf die bevorstehende kalte Jahreszeit vor. An einem kleinen Tümpel im Birkenseemoor ist die Vegetation mit einem Geflecht aus Spinnweben bedeckt. Tagsüber, bei hochstehender Sonne, sind die Gespinste unsichtbar. Aber nach einer kühlen Nebelnacht sind Pflanzen und Spinnweben mit feinsten Wassertropfen benetzt, die in der Morgensonne wie Edelsteine aufblitzen.

In einem geschlossenen Waldgebiet, wie dem Schönbuch, haben lichtbedürftige Hochstauden wenig Möglichkeiten zur Entwicklung. Waldwiesen werden vom Wild abgeweidet, aber auch regelmäßig gemäht, um den Aufwuchs von Bäumen zu verhindern. So bleiben nur noch die Randstreifen von Waldwegen, ehemalige Schutthalden und aufgelassene Steinbrüche, die im Schönbuch früher weitverbreitet waren. Für viele Insekten sind Hochstaudenfluren, die ganzjährig stehen bleiben und nicht gemäht werden, ein wichtiger Lebensraum. Hier finden sie im Sommer Nahrung und können sich im Herbst ungestört fortpflanzen.

Die Älteren kennen sie noch aus ihrer Kindheit, die bunten Blumenwiesen rings um die Bauerndörfer. Seit das Grünland aber regelmäßig mit Gülle und Stallmist gedüngt wird, sind auch die Magerwiesen mit ihrer artenreichen Pflanzengemeinschaft verschwunden. Diese Wiese am Schönbuchrand, mit Wucherblumen, Glockenblumen und Rotklee, wurde über mehrere Jahre nur wenig gedüngt. Dies hat bereits ausgereicht, um manche verloren geglaubte Wiesenblume wieder zurückzubringen. Möglicherweise haben die bunte Blütenpracht und auch ein sehr trockener Sommer den Bauer dazu veranlasst, die Mahd weit in den Juli hinein zu verschieben. So bot sich auch der Insektenwelt die Möglichkeit einer ungestörten Entwicklung.

Schon viele Male bin ich auf dem Weg ins Ochsenbachtal an dieser Sandsteinstufe vorbeigegangen, ohne dass sie mir besonders aufgefallen wäre. Aber an diesem grimmig kalten Wintermorgen weckte der ungewöhnliche Eispanzer meine Aufmerksamkeit. Seit Tagen schon kriecht die Kaltluft von der Weiler Ebene und dem Bromberg die Hänge hinab und sammelt sich unten im engen Ochsenbachtal. Dies hat dazu geführt, dass ein unscheinbares Rinnsal aus Schmelzwasser, das sonst träge über die Sandsteinbank plätschert, zu einem vereisten Wasserfall herangewachsen ist.

Ein geologischer Lehrpfad der Universität Tübingen führt vom Kirnbachtal hinauf auf den Kirnberg. An verschiedenen Stationen werden die Keuperschichten erläutert, mit denen der geologische Untergrund des Schönbuchs hauptsächlich aufgebaut ist. Stein- und Tonschichten unterschiedlicher Mächtigkeit liegen im Wechsel übereinander. Beim Olgahain erreicht man den Knollenmergel. In dem rutschempfindlichen Gelände haben sich regenfeuchte Mulden gebildet, die von der Forstverwaltung teilweise zu Teichen ausgebaut wurden. An den sonnigen Ufern hat sich bald die gelbe Schwertlilie angesiedelt und bildet inzwischen bereits größere Bestände.

Für Eduard Mörike war Bebenhausen »einer der schönsten Winkel des Landes«. In seinem Gedichtzyklus »Bilder aus Bebenhausen« setzte er dem malerischen Klosterdorf ein literarisches Denkmal, als er um 1860 in den altehrwürdigen Mauern Ruhe und Erholung suchte. Auch in unserer zunehmend hektischen Zeit ist die mittelalterliche Abtei in der Mitte des Schönbuchs ein Ort der Stille geblieben. Viele Besucher aus aller Welt lassen alljährlich die besondere Atmosphäre des Zisterzienserklosters auf sich wirken. Man hat den Eindruck, als ob im Kreuzgang, Refektorium und Kapitelsaal die Zeit stehen geblieben wäre.

Das kleine Hochmoor beim Birkensee ist ein noch sehr junges Moor. Bis ins neunzehnte Jahrhundert wurde auf der Hochfläche des Bromberges Rhätsandstein abgebaut. Die Steingruben füllten sich bald mit Regenwasser und Torfmoose konnten sich ungestört entwickeln. Um die trittempfindlichen Pflanzen zu schützen, wurde ein Bohlensteg angelegt, auf dem das Moor durchquert werden kann. Seerosen und Wollgras haben hier kein natürliches Vorkommen, sondern wurden von Botanikern der Universität Tübingen ausgepflanzt. Offensichtlich sagt ihnen der Standort zu, denn sie haben sich bisher prächtig entwickelt.

Die weithin sichtbare Wurmlinger Kapelle war bereits in der Antike ein heiliger Ort. Germanische Priester befragten das Orakel, indem sie ein weißes Pferd, vor einen Wagen gespannt, auf den Berg führten. Jedes Schnauben und Stolpern des Tieres wurde genau beobachtet und als Zeichen gedeutet, um für die Gemeinschaft wichtige Entscheidungen zu treffen. Der Ammerhof unten im Tal war über lange Zeit im Besitz des Klosters Obermarchtal. Heute befindet sich das Hofgut im Besitz des Hauses Württemberg. Die Kapelle aus dem achtzehnten Jahrhundert, die lange als Scheune zweckentfremdet wurde, ist ein architektonisches Kleinod. Nach einer umfassenden Renovierung erstrahlt die einzige Rokoko-Kapelle im Landkreis Tübingen wieder in altem Glanz.

Gerade im Herbst ist es öfters der Fall, dass ich bei Regenwetter am frühen Morgen hinaus in die Streuobstwiesen fahre. Das muss nicht unbedingt ein Nachteil sein, denn häufig ändert sich das Wetter bei Tagesanbruch und in Richtung Sonnenaufgang klart am Horizont ein schmaler Himmelsstreifen auf. Aber es gibt Tage, an denen die Wolken so hoch und dunkel sind, dass es auch am späten Vormittag nicht richtig hell werden will. Diese düstere Atmosphäre kann durchaus reizvoll sein und ist für den Fotografen eine besondere Herausforderung. Dabei ist der dichte Nebel ein willkommenes Hilfsmittel bei der Anordnung der Kirschbäume zu bildbestimmenden Elementen.

AUTOR UND FOTOGRAF

Werner Schaal, geboren 1952 in Tübingen, ist als Bauingenieur seit 1984 in Tübingen mit einem Ingenieurbüro für Bauwesen freiberuflich tätig. Die Beschäftigung mit der Natur und die daraus folgende Naturfotografie sind für ihn ein notwendiger Ausgleich zum Beruf. Im Naturpark Schönbuch findet er hauptsächlich in den frühen Morgenstunden die erforderliche Ruhe sowie eine unerschöpfliche Vielfalt der schönsten Fotomotive. Seine Bilder werden regelmäßig in verschiedenen Publikationen veröffentlicht. Im Silberburg-Verlag erschien 18 Jahre lang der großformatige Kalender »Schönbuch Impressionen«. Ebenfalls im Silberburg-Verlag erschien 2007 der Bildband »Der Schönbuch: Bilder einer Waldlandschaft«.

IMPRESSUM

1. Auflage 2020

Umschlaggestaltung: Silke Schüler, München,
unter Verwendung eines Fotos von Werner Schaal.
Layout & Satz: Silke Schüler, München.
Lektorat: Silke Schüler, München.
Korrektorat: Susanne Langer-Joffroy M.A., München.
Druck: Florjančič Tisk d.o.o. / Slowenien.

ISBN 978-3-8425-2208-4

In diesem Buch wird aus Gründen der besseren Lesbarkeit das generische Maskulinum verwendet. Weibliche und anderweitige Geschlechteridentitäten werden dabei ausdrücklich mitgemeint, soweit es für die Aussage erforderlich ist.

Besuchen Sie uns im Internet und entdecken Sie die Vielfalt unseres Verlagsprogramms: **www.silberburg.de**

Ihre Meinung ist wichtig für unsere weitere Verlagsarbeit. Senden Sie uns Ihre Kritik und Anregungen an: **meinung@silberburg.de**